歴史絵本

念法眞教開祖小倉霊現

監修 樋屋良祐 念法眞教教務総長
文 山本覚雄 ジャーナリスト
画 日高康志 画 家

まえがき

　ご縁あって、このたび念法眞教の開祖様のご生涯を絵本にしていただくことになりました。開祖様はご幼少の頃から苦難に満ちた日々を過ごされました。けれども、その苦労に負けることなく、他人の優しさや真心に触れ、心を磨かれ、ご自分も世の為人の為になるよう一生懸命に励まれました。特に国を思うお心はひとしおでありました。この頃の世の中は、自分のことばかりを考える人が多く、人心は乱れていて、開祖様は国の将来を憂いておいででした。こうした開祖様のお心に感応され、大正十四年八月三日午前二時、夢の中に久遠実成阿弥陀如来様が現れ、不思議の霊徳を授けるので、この霊徳をもって世の中の迷える人々を誠の道に導き、信仰の立て直しをし、乱れた世の中の立て替えをなすようご霊示を授けられたのです。こうして念法眞教は生まれました。それからも阿弥陀如来様からのご霊示が開祖様にたびたび下り、病や悩みに苦しむ人々を救い、神仏のあることを示され、誠の道を歩むようお諭しになりました。この世から争いをなくし、人々が拝み合い、明るく住み良い世の中を作ることが開祖様の悲願であり、人々の幸せの為にご生涯を捧げられました。開祖様がご入寂の後は、次男で教団管領の小倉良現師が二代燈主となられ、平成十三年二月にご入寂後は、開祖様の高弟である稲山霊芳師が三代燈主を継がれ、現在に至っています。

念法眞教教務総長　桶屋良祐

廻廊一階 万葉廊

開祖の誕生

明治の初め、草深い田舎だった大阪府東成郡鯰江村今福（現大阪市城東区今福）に、小倉治郎兵衛・ウノ老夫婦と一人娘のトメがひっそり暮らしていた。治郎兵衛はこのあたりで紡《つむ》がれる河内木綿《かわちもめん》を商い、どっしりと腰の据わった人間味豊かな人物で、何不自由のない生活であった。

人びとから「ホトケの治郎兵衛」と呼ばれ、とても人望が高かった。家の宗旨は浄土真宗だったが、瑞光寺という寺の観音さまの世話方を務め、篤信家である上、ひとさまの難儀は見過ごせないという誠に温かい人柄であった。半面、曲ったことや不正不義は許さず、最後まで意思を貫く芯《しん》の強い人であった。

老妻ウノはよき夫に長く連れ添い、これまた心温まる純朴な人だったから、小倉家の暮らしは、傍目《はため》にも平和で円満そのものに見えたが、男の子に恵まれなかったことだけが頭痛の種だった。そこで、トメに婿《むこ》養子を迎えたが、婿はまもなく、トメの胎内に一つの生命を宿して亡くなった。明治十九年九月九日、重陽の節句にトメは男子を出産。治郎兵衛により「庄太郎」と名付けられ大事に育てられた。

これが後の念法眞教開祖である。

奉公に出る

明治二十五年にウノが亡くなり、治郎兵衛は娘トメに二度目の婿養子を迎えた。真面目そうに見えてこの養子、とんでもない怠け者、ばくちにふけって借金だらけ。いくら叱っても改まらず、治郎兵衛は仕方なく尻拭《しりぬぐ》いして回り、貯えは底をつく。庄太郎のことを案じつつ明治二十九年死去した。

やがて継父《けいふ》は継子《けいし》いじめを始め、トメは夫と庄太郎の板ばさみで苦しむ。耐えかねた庄太郎は、二十九年九月、ふろしき包み一つで家を出て大阪市糸屋町の鍛冶屋《かじ》に奉公した。数え年十一歳であった。

朝は一番に起き、夜は一番遅く寝る。一日中厳しい主人の下で掃除、子守り、使い走りと修行に励んだ。幼い身にはつらかったが庄太郎はよく耐え、温かく労《いたわ》ってくれた老婆によって「人の情」のありがたさ、思いやりの気持ちの尊さを悟らされた。

一年ほどで鍛冶屋が店を閉めたため今福の乾物商に移り、八年間商いの道と人の道を磨き、心身ともに成長。明治三十七年、十九歳で年季奉公が明けると、二年間砲兵工廠や町工場の工員、高利貸の手伝いなど転々と職を変えながら、人生経験を積んでいった。

大演習と精神力

明治三十九年、庄太郎二十一歳で徴兵され、翌年横須賀重砲兵射撃学校に入学した。四十一年三月、習志野演習場で大演習があり、庄太郎も参加した。実戦さながらの激しい演習で、数多くの落伍者が出た。

ところが参加部隊の中に、重い背嚢《はいのう》を背負い黙々と強行軍を続けている気品のある三人の兵がいた。これが北白川、東久邇、朝香の三宮殿下であった。ぬかるみの中、一般兵に混じって重い砲をひき、雨中の食事や強行軍に耐えて頑張っておられた。庄太郎は大変感激、「一般国民の中には、国家・国民のことなど少しも考えず、日夜遊び暮らしている者がたくさんいる。彼らに宮様方のご苦労を知ってもらい、正しく導いていきたい」と考えた。この日の強烈な印象が、後日住みよい世の中づくりを志す遠因となった。

演習終了後、教官が訓話を行い、人間の精神力がいかに肉体に影響を与えるかを語った。「外国の話だが、ある死刑囚にわずか三滴で死んでしまう劇薬だと言って実はただの水を与えたところ囚人は絶命した」といった内容で、精神力の偉大さを示す例として軍人は精

神力をしっかり鍛えねばならないと説いた。

満期除隊、乾物商に

庄太郎は演習教官の精神訓話に大変感動し、これを契機に人間の精神力の研究を志す。

①神はあるか、仏はあるか　②神仏と人間の関係
③人は何の目的でこの世に生まれてきたか　④人はなぜ病気をするか
⑤医学は発達してもなぜ病人が減らないか
⑥犬や猫は自分で病気を治す。人間は自分で病気を治せないのはなぜか
⑦人間死んだらどうなるのか

庄太郎は満期除隊で帰郷後も真剣にこうしたテーマを探究するようになった。明治四十二年十二月帰郷。翌年、元の奉公先、乾物卸商の釼長に番頭格で迎えられ、同年、矢倉カメと結婚、庄太郎二十五歳、カメ二十二歳。仲人と三人、うどん一杯ずつの挙式であった。庄太郎は、以後も寝食を忘れ身を粉にして働いた。

大正三年一月、鹿児島桜島大噴火の被災者救援のため筑前琵琶《ちくぜんびわ》の会を大成功させたが、集まった義援金を巡って心ない中傷を受け、釼長の主人からも疎《うと》まれた庄太郎は、同三月店を辞め、主人に申し渡された通り今福から遠い旭区森小路に乾物卸商屋号「┌正《かねしょう》」を開いた。

第一次大戦に出征

独立した庄太郎は血のにじむ思いで働き、その商売熱心さに信用も集まり、店は次第に栄え始めた。ところが開業半年にして、またも大きな試練が庄太郎に降りかかってきた。九月、第一次世界大戦への召集令状が届いたのである。せっかく栄え始めた店を、何の商才もない妻カメに託し出征して行った。

日本は日英同盟の誼《よしみ》で、中国・青島《ちんたお》のドイツ軍陣地攻略に参戦、庄太郎も従軍した。ある日腹痛で持ち場を離れたその時、敵弾が持ち場を直撃、戦友たちは即死した。

青島攻略は三カ月で終わり、その年の暮れ、庄太郎は無事帰還。帰宅してみるとわずかの間に店は借金の山。倒産寸前であった。敵弾直撃を受けて庄太郎は戦死、との誤報が伝わり、心ない人びとが商売に不慣れなカメをだまして商品の代金を踏み倒すため、現金は底をつき借金だらけとなったのである。

しかし借金は返さねばならぬと、また死にもの狂いで働き、時には親戚にも裏切られ自殺しかけたこともあった。二度三度とそんな危機に陥ったとき、いつも目の前に現れたのは祖父の治郎兵衛の姿であった。

霊生院との出会い

倒産寸前の店を立て直すため懸命に働いた心労のためか、庄太郎は大正五年ごろ奇病にかかる。激しい頭痛で夜眠れず、昼間は氷包みの鉢巻で働いた。医者にも見放されたが、ある日、国鉄片町線の徳庵で、霊能者の霊生院に出会い、奇跡的に奇病は快方に向かった。

霊生院は俗名樋口セイ。明治二年、大阪府下太子田《たしでん》生まれ。二十五、六歳のとき神懸《かみがか》りとなり、その霊力は近所でも評判。庄太郎はしばしば訪れ、商売も次第に繁盛し始めた。

大正八年末、今度は当時世界的に流行したスペイン風邪にかかり急性肺炎で生死の境をさまよった。そこへ訪れた霊生院の「おまじない」で危機を脱し翌年二月初め快癒した。だが入れ替わりに四歳の長男幸雄が寝込み、まもなく死亡した。庄太郎の悲しみは尋常でなく「神も仏もあるものか。仏壇を川に流してやる」と息巻いた。再び訪れた霊生院は「死んだ子はお前の身代わりや。今年中に代わりが生まれ、さらに七年後にこの子が再び生まれてくる」と託宣。予言通り年末に男子誕生「由貴夫」と名付けた。後に得度して良現と称し、開祖入寂後二代燈主《とうしゅ》小倉霊現となる。さらに予言通り大正

十五年七月男子誕生。
「正治」と命名された。

立教の霊示

大正十四年八月三日未明、庄太郎は夢のなかで、阿弥陀如来《あみだにょらい》から「国を思い世を憂える汝《なんじ》の心に感応し、霊徳を授ける。世の人々に誠の道を知らしめて信仰を立て直し、世の立て替えができるよう正しく導くように」という趣旨の霊示をいただき、「霊現」という法名を授かった。立教の霊示であった。翌日から庄太郎の体に不思議な能力が生じた。他人の心が手にとるように分かり（他心通）、霊界《あのよ》の相《すがた》が見え（天眼通）、他人の過去のことが分かる（宿命通）などの異能である。

このころは乾物屋から綿の打ち直し業に転じており、得意先回りで急に腹痛を覚え、もしやこの家に腹痛を病む人はいないか尋ねると、主人が腹痛に苦しんでいた。庄太郎が患部に手を当てると即座に腹痛は収まった。同様なことが連日のように起きるようになった。

なぜ、こんなことが起きたのか。庄太郎は高僧や霊能者を尋ねて回ったが答えは出ない。結局、あの日の阿弥陀如来の霊示がこうなったと悟り、霊示に従い「教えの道」をまとめて、病、貧、争、などさまざまな人生苦にあえぐ人たちに阿弥陀の救いを説き、極楽のような住みよい世にしていこうと決意した。

改名・教団名・紋章

庄太郎は霊示で授かった法名を後に戸籍上の名前に戴き「小倉《おぐら》霊現《れいげん》」と改名。教団の開祖と呼ばれるようになる。

当初教団は「神仏眞霊謝恩会」と称し、後に「天台宗金剛教会」、昭和二十二年「小倉山金剛寺」と改称した。

二十七年、「念法眞教」として宗教法人の認可を受け、以後、本山を森小路から現在の大阪市鶴見区緑三丁目の一画、三万坪の「念法眞教総本山小倉山金剛寺」に移し、全国八十カ所に金剛寺支院道場を開いた。

遡《さかのぼ》って大正十四年のある夜、夢の中に白ひげの老翁が現れ「人は目前の出来事や利欲にとらわれ、ねたみ、むさぼり、なかごと（中傷）、ぐち、いかり、などの悪心から自ら悪い運命に落ちていく。だから常に正しい心でよくない思いを鎮めていかねばならぬ。こうした正しい生活をし世のため人のために尽くす人を聖人・君子・菩薩という。梅は寒中に花を咲かせ、梅雨に実をつけ、辛《から》い塩に漬けられ梅干となって病人の友となる。種は捨てられ土中で次の新しい芽を出す。この梅の相《すがた》が聖人や菩薩《ぼさつ》のあり方だ」。夢から覚めた霊現は、念法の紋章に霊夢の説話を図案化させた。

世界大戦の霊示

開祖が「立教の霊示」ののち受けた霊示の一つに「いまに世界を相手に戦う日がくる。国民すべて団結和合して道義正しい生活を送り窮乏に耐え、国難に立ち向かわねばならぬ。お前はこれを世の人々に知らせ、心の準備をさせよ」というのがあった。しかし当時の状況から世界を相手に日本が戦争するとは考えられず、開祖はこの霊示を無視した。

するとさらに「いまに満州から火がつく。そして中国へ、やがては世界戦争になる。国民の和合団結、正しい生活、困難に耐える力を養うのに猶予はならぬ。大衆に知らせよ」との霊示があった。やむなく開祖は四天王寺の境内で辻説法をし、世界大戦の予言を記したチラシを配ったが、顧みる人はいなかった。しかし予言は現実となった。昭和六年九月満州事変が起き、翌七年戦火は上海に飛び火。同十二年七月、日中戦争は泥沼化し、やがて十六年十二月八日、大東亜戦争に突入していった。戦争が激化すると、男は続々戦場へ。

家庭や生まれてくる子のことが心配だが、それには「家庭の和合」そして「胎教」が大切だとの考えから、開祖は、「女性のめざめ」と

「胎教の霊示」を説いて回った。

終戦の霊示

開祖の辻説法を無視していた大衆も、戦火の拡大とともに世界戦争の予言がでたらめではないと気付き、耳を傾ける人が増えてきた。開祖は一日も早く戦争に勝利するよう朝夕ご本尊に祈り続け、東奔西走、説法して回った。

昭和十九年六月、開祖は大きく傾いた大樹を懸命に支える夢を見た。だが支えきれず遂に倒れてしまう。夢から覚めた開祖はこれは日本敗戦の霊示だと悟ったが、だれにも明かさなかった。

この後、サイパン島が玉砕、米国はB29爆撃機で日本を焦土《しょうど》にし、原爆まで投下したのである。

二十年八月十五日、天皇陛下の終戦の詔勅が放送された。金剛寺本堂で涙とともに聴いた開祖は日本刀で自決しようとした。このとき、み仏から霊示があり「死んではならぬ。お前はこれから日本の立て直しをするのだ。二百数十万という英霊が護国の人柱となった。こんな戦争は世界からなくさねばならぬ。この地上を喜びと感謝に満ちた浄土とせねばならぬ。お前は日本中を回って人々に仏の救いと正しい生活を教えて歩け。日本占領は五、六年で終わる」。開祖は自決を思いとどまり、二十一年から浄土づくりの全国行脚を始めた。

旅からすの歌

昭和二十五年九月から翌年三月にかけて開祖は三重県志摩地方を巡教した。この間に目覚めと奮起を内容とする「旅からすの歌」一～三節を完成。その際、天照大神《あまてらすおおみかみ》の使いが夢に現れ、「今、日本は講和条約を前に左右に分かれ抗争している。隣の朝鮮半島では南北に分かれて争い、何百万人が衣食住に苦しみあえいでいる。日本を第二の朝鮮にしてはならぬ。汝《なんじ》は世の人々に、心を一つにして日本再建に努力するよう説いて回れ。『旅からすの歌』は大変結構だ。節《ふし》をつけて舞い踊り、団結して日本再建に向け人びとを導け。八百万《やおよろず》の神々が守護するであろう」と託宣した。

開祖は「鴨緑江《おうりょくこう》」の歌の節を借り、振り付けもして踊らせた。すると巡教の先々で、病人はたちまち治り、不漁続きの漁船が大漁旗を掲げて帰航するといったことが次々に起きた。まさしく天照大神のご託宣に間違いないと悟った。伊勢神宮にご託宣の奉答参拝をした二十六年九月四日は、サンフランシスコでの講和条約調印会議初日であり、終戦の日の霊示の通り、戦後六年で日本は独立・復興への道を踏み出すことになったのである。

観光物産店

靖國の英霊に感謝

開祖はお説教の最初にいつも皆に「戦友の歌」を合唱させた。「思えば去年船出して・・・（中略）それより後は一本の、煙草も二人で分けてのみ、（中略）死んだら骨を頼むぞと、言い交わしたる二人仲・・・」と。「こんな思いで兵隊は第一線に行ったもんや。老いた親、かわいい女房子供もすべて捨てて戦地に行った。生きて帰ろうという者は一人もいなかった。戦友と、今度は靖國神社で会おうな、と言って前線に出かけて行った。ただただ国のため、国民のためにと戦地に向かい、護国の人柱となって散っていってくれたのや」

「日本が今、経済大国や先進工業国やら言うておれるのは、国のために命を捧げてくださった三百万もの英霊のおかげや。これを考えたら日本国民は靖國神社を大切にしてもらいたい。さもないと日本は滅びる」

開祖は切々とこう大衆に説いて回った。

ほかにも開祖が力を入れて説いたのは「教育勅語」についてである。戦後占領軍の政策で、日本人の精神的支柱だった教育勅語が廃され、家族制度の崩壊を招き、自由、人権、民主主義など、西欧思想が吹き込まれた。

教育改革に力を

「戦後のこうした風潮の中、左翼の連中は日の丸、君が代を否定し、国の安全を守る自衛隊を違憲呼ばわりした。学校の先生は道徳教育をないがしろにして、革命思想を生徒に説くものが多い。自由や権利の主張ばかりする日教組や左翼の思想にかぶれる生徒たちがどんな人間になるのか空恐ろしい・・・」

開祖はこうしたことを説教して回り、「教育勅語を復活させて若者の道徳教育に真剣に取り組むべきだ」とも主張した。「救国の政治家が現れ、命を投げ出して日本の教育改革に力を注いでほしい。古き良き伝統を守り道義正しい真の日本人をつくることに努めてほしい。そして平和を愛し、永遠に争いのない地球に仕上げてほしい。中国や韓国に対しても毅然《きぜん》とした態度をとり、『日本人を教育するのに外国の干渉は受けない』と明言して家庭教育、社会道徳をきちんと教え、外国からも尊敬される日本人に仕上げてほしい。さもないと、日本は犯罪者だらけの治安の悪い国になって滅亡する」

開祖はこのように説いて、仏さまに毎日、「日本の再建に力をお貸しください」とお祈りしていたのである。

戦闘帽・教養

開祖は説法のとき、法衣にいつも戦闘帽をかぶっている。

「こんな私の戦闘帽を見て軍国主義者だと思う人がいるかもしれへん。でもそうやない。もう二度と戦争をしてはいかん、と説くためや。戦時中の苦しい生活を忘れんようにや。近ごろはぜいたくになって、物を粗末にする風潮がある。昔の苦しく不自由だった生活を思い出し、無駄をなくし質素でも心豊かな暮らしをしてほしいと願って戦闘帽をかぶるんや」

「勤勉で真面目で親切で道義正しい国民であれば、外国の人も日本を尊敬し、見習うてくれる。念法の教えは個人の運命を変え、日本を、世界をよくし、平和をもたらすものだと肝に銘じ真剣に教えと取り組んでもらいたいんや」と説くのである。

開祖はいつも「私は小学校四年中退で十一歳から奉公に出た。そしていまは綿屋のおやじやから学問も教養もあれへん」が口癖だった。

でも本当に何もご存じないかというと、そんなことはない。いろんな仏教学者や有名人と会っても決して見劣りしない対応ができる方なのだ。ときには相手がびっくりするようなことさえある。

学者との問答

昭和二十七年二月、京都から一人の仏教学者が見えた。鈴木大拙先生とも親交がある方で、念法眞教についての報道に興味を持ち、開祖に会いたいと来山したのである。

その席で開祖が「私は無学なものでー」と切り出すと、「無学というのは仏さんのこと。何もかも究《きわ》め尽くしてもう学ぶものがない。それで無学者というのです。われわれは目下勉強中ですから学者というのです」と仏教学者は話した。「そんなら私はお釈迦《しゃか》さんと同じになってしまう。うっかり無学などと言えまへんな」開祖はそう言って苦笑した。

そのあと学者は、昔の中国、梁《りょう》という国の王「武帝《ぶてい》」のもとにインドから「達磨《だるま》大師」がやって来て交わされたさまざまな問答を、開祖に聞かせて、あなたならどう答えるかと問うた。開祖は達磨大師の武帝へのすべての答えとほぼ同じか、むしろ上回る内容の答えを即座に示し、学者を大変感心させたのであった。

また「維摩経」という開祖の知らないお経の中から「仏教のぎりぎり決着は何か」という文殊菩薩《もんじゅぼさつ》と維摩居士の問答を引用して問うたが、開祖のこれに対する答えも軍配の上がった維摩居士と同じ考えだった。

内陣欄間二十五菩薩

水乞いと悪党改心

昭和二十一年八月、開祖の飛騨地方巡教の際、岐阜県の久々野村山梨という集落で干天のため田んぼが地割れし稲は枯死寸前だった。水の豊富な地だったが、国鉄高山線のトンネルを掘ったときに水脈を傷め、トンネル入口あたりには豊富な水が流出するのに、山梨の集落では水が湧きにくくなり、旱魃《かんばつ》になると生活が脅かされた。開祖はトンネル口の所で、「山梨の集落にも水を回してください」と祈願した。何時間かたつと突然大粒の雨がドッと降り注いだ。雨がやんでまもなく山梨の集落から水が湧き出し、以後涸《か》れなくなった。今はトンネルのところに、「念法燈主水乞霊蹟」という碑が建っている。

二十三年以降開祖は度々、和歌山県熊野本宮に巡教した。あるとき詰め掛けた病人が開祖の加持で次々に治癒していくのを見て、地元で札付きの悪党が進み出た。一目見た開祖は「お前は地獄の底に落ちるぞ。自分の悪行を反省せよ」。男は「悪かった」と泣いて謝る。開祖は「真人間になれ。今、胃が痛いか」と問い、その男は胃を押さえ「あっ、痛みが消えた。胃がんで痛かったのに」。この後、世の

ため人のため役立つ人間になったという。

日本最北端での説教

開祖は昭和四十八年十月、日本最北端宗谷岬に立ち、「日本は敗戦で樺太《からふと》も千島もロシアに奪われ、南千島四島は、日本固有の領土であるのに今なお返還されない。私はこの肉体が朽ち果てるまで日本の真の再建と世界の平和のために法を説いていく。世界中の人が、住みよい世の中づくりに力を合わせれば戦争がなくなり、万人和楽の浄土が現成する。日本人すべてが誠の道（人の道）を歩めば、神仏の加護でどんな外敵にも侵略されなくなる」と人びとに訴えた。

この後、稚内《わっかない》公園で、終戦後五日もたって、ソ連軍に攻撃されて自殺した樺太真岡郵便局交換手、九人の乙女の碑の前で開祖は読経し、「ソ連は日ソ中立条約を一方的に破棄し、敗色濃厚の日本を攻撃。満州にいた日本兵六十万人をシベリアに連行し、厳寒の中、重労働を強制して多数の兵を死なせた。引き揚げようとする婦女子はソ連兵や中国人に凌辱《りょうじょく》や略奪などロにもできないほどのひどい目に遭った。非戦闘員には手を出さないのが常識だ。卑劣極まるソ連兵の行動には腹が立つ。九人の乙女は凌辱より死を選んだのである。もう戦争はしてはならぬ」と説教した。

宗源老師との出会い

昭和四十九年六月、開祖は鎌倉円覚寺《えんがくじ》の朝比奈宗源老師を訪ねた。これは世界連邦日本宗教委員会が伊勢神宮で開かれた後、宗源老師から「日本が足元から崩れていこうとしているのになにが世界連邦じゃ」と伊勢の大神さまから叱られた、と聞かされたからだ。

これをきっかけに、「日本を守る会」が発足、開祖は円覚寺で日本の将来について老師と話し合った。このとき老師はいきなり開祖の戦闘帽を脱がし「お前さんは人の病気を治したり不思議を見せたりするというから頭に角《つの》でも生えているかと思ったら、なんじゃ毛が生えてるだけじゃな」と言った。開祖も「なあんじゃ、あんさんは風呂屋の釜やな。湯（言う）ばっかり、口ばっかりやな」と二人は手を取り合って大笑い。初対面だがこれで打ち解けて百年の知己のように仲よく談笑した。

以後、開祖の東京での説教会には必ず老師が出て、前講を務めたのである。一方、老師は五十一年九月、下阪したとき念法本山に立ち寄り、境内入口の「自分を知って　らしくなれ　霊現　極楽」の碑を見て「さすが念法のおやじやなあ。短い言葉に仏法のすべてが入っている」といたく感心したという。

霊験あらたか

「私はもともと綿の打ち直し屋だったが、今は迷うたり、悩んだり、病んだりしている人達のハラワタの打ち直しに回ってますのや」と開祖は人を笑わせる。大抵の病人は開祖の話を聞くうちに痛みや苦しみがなくなる。病人の代理で参拝した人が「今、病人に電話してみよ。苦しいところはよくなってるはずや」と言われ、電話をかけてみると皆苦しみが去っているのだった。説教会場で、病人に鼻汁をかけるしぐさをするだけで病人が治る。拳《こぶし》を振り上げて「どこが痛い！」と叫ぶだけで、転げ回るほど痛がっていた病人がけろっと治ってしまう。

天台密教の安然和尚《あんねんかしょう》の「教時問答」に、「舌相言語皆是真言、身相挙相皆是密印」とあり、密教の達人は何を言ってもそれが真言に、どんな所作もそれが印を結んだことになる、という。開祖も仏さまと一体だからなにを言い、なにをしてもそれが霊験となるのである。

開祖の高弟長谷川霊信師がある日、開祖のもとに行って辞去するとき、急に体が宙に浮いた感じになり、そこが極楽浄土、金殿玉楼のように見え、何とも言えぬ法悦に見舞われた。これも開祖の霊徳だと霊信師は信じている。

仏教興隆　開祖は仏

天台宗井上恵行《えぎょう》大僧正は、あるとき兵庫県仏教会の会合で念法眞教開祖の話をされた。開祖の経歴を語るなかで、阿弥陀如来からの霊示で立教、年間三百日は全国を巡教、大阪の本山には六十日しか戻らないと賞賛「今、仏教が衰退していると言われるが、開祖のように八十歳を超えなお全国巡教する情熱を、各宗派の管長さんや全国十万人のお坊さんが見倣《なら》えば必ず仏教は興隆する」と語った。

高弟の長谷川霊信師は兵庫県の村役場に勤めながら念法を布教していた。あるとき、首が紫色に腫《は》れ高熱に苦しむ病人を助けてと頼まれた。「家族を大切にしない報いだ。助かりたいなら家族を大切にせよ」と説き、開祖の加持を受けに大阪の本山へ急いだ。翌朝、取って返すと、容態はがらりと変わっていた。「昨晩一心に念法眞言を称《とな》え、更正を誓うと、金色の阿弥陀如来が現れ、光明が体を包んだ瞬間、首の腫れからどっと血膿《うみ》が出て、奇跡的に助かった」と涙を流して語った。

こんな例は珍しくない。開祖が加持すると、阿弥陀如来が重病人の枕もとに立ち危篤状態を脱する。これは開祖とご本尊の阿弥陀仏

カー体の存在だと信じるほかない。

念法への改宗

カトリック教徒だった唐谷千枝さんは、あるとき念法眞教の話を伝え聞き、一度開祖の話を聴きたいと思い、知人に連れられて大阪の本山に参拝した。ちょうど月例祭の日に当たり、午前十時から開祖の法話があるという。唐谷さんは一番後ろの席で話を聴いた。

最初説教台に立ったのは確かに開祖であった。ところが話が進んでいくうちに、開祖の姿は背後の方へ消えていき、いつの間にか開祖がご本尊の阿弥陀如来に代わっている。金色の阿弥陀如来が話をされているのである。唐谷さんは自分の目を疑った。しかしいくら目をこすっても、頬をつねっても阿弥陀如来である。やがて法話は終わりに近づいた。すると阿弥陀如来は後ろに下がり、代わって開祖が現れた。そして法話は終わった。

唐谷さんは「念法は仏さんが出ておられる」ということをこれで理解できた。開祖は阿弥陀如来の応現身《おうげんしん》だったのだと確信、唐谷さんはカトリックをやめて念法に入信し、後に大阪府堺市にある泉州堺念法寺の初代住職に、さらに和歌山念法寺の初代住職となり、布教の先頭に立って活躍した。

ご親教
住みよい世の中
楽しい日暮しの出来る
相談をさせて頂きましょう
ご灯主さまありがとうございました

あとがき

念法開祖親先生九十七歳の生涯は、全国ご巡教の日々でした。「親先生ご親教」として北は北海道から、南は沖縄に至るまで一年三百日以上にわたり、念法の教えを説き続けられました。

「ご親教」では、念法のご本尊様の応現の不思議を如実に現し、人としての使命、人の道を教示されました。また念法眞教の信徒の使命は、自らが教えを実践して、日本の国を守ることが世界の平和につながる道であることをお諭しになりました。「よく世界平和というけれど自らが争いの種をまき、自分勝手な行いをして周りの人を困らせて、人としての使命を忘れ、日本国民としての義務も忘れている。念法の信徒は、まず自分の足元の家庭から教えを実践し、家庭を極楽に治め、それから地域社会の自分のいる場所を極楽にして、その輪を世界に広げていくことや。それが世界が真に平和になる道なのや」と厳しく諭されたことを思い出します。

私たち念法眞教教団は、親先生のご遺訓をしっかり守り、平成十二年には大阪市鶴見区の総本山に荘厳な金剛寺伽藍を建立、全国九十カ所に金剛寺支院を展開するまでになり、住みよい平和な世界の実現に向けて邁進しております。

念法眞教教務総長　桶屋良祐

推薦の言葉

このたび善本社の山本会長さんから念法眞教開祖小倉霊現初代燈主の伝記絵本を出版したい、との申し出があり、今の時代にふさわしいと考え、承諾いたしました。

開祖は日本の戦後教育の現状を大変憂慮されまして、学校公教育の場で、日本の古き良き伝統文化を教え、愛国心を培い、国家社会に進んで奉仕する心を養うこと、それから人倫道徳を教え、人としての正しい道を歩ませることが大切だと申され、巡教先では人倫道徳を説かれました。

この本が今の時代に、世に出ることが大変うれしく存じます。一人でも多くの方にお読みいただきたくご推薦申し上げます。

念法眞教第三世燈主　稲山霊芳

監修／桶屋良祐（念法眞教教務総長）
文／山本覚雄（ジャーナリスト）
画／日高康志（画　家）

歴史絵本　念法眞教開祖小倉霊現

発行者　手塚容子
発行所　株式会社 善本社
印刷所　善本社製作部

平成27年9月9日　2版発行

〒101-0051　東京都千代田区神田神保町2-14-103
☎（03）5213-4837・FAX（03）5213-4838

ISBN978-4-7939-0442-4 C0721